Ernst Probst

Die Caka-Kultur

Eine Kultur der Bronzezeit von etwa 1300 bis 1200 v. Chr.

Der GRIN Verlag publiziert seit 1998 wissenschaftliche Arbeiten von Studenten, Hochschullehrern und anderen Akademikern als eBook und gedrucktes Buch. Die Verlagswebsite www.grin.com ist die ideale Plattform zur Veröffentlichung von Hausarbeiten, Abschlussarbeiten, wissenschaftlichen Aufsätzen, Dissertationen und Fachbüchern.

Ernst Probst

Die Caka-Kultur

Eine Kultur der Bronzezeit von etwa 1300 bis 1200 v. Chr.

GRIN Verlag

Die Deutsche Bibliothek verzeichnet diese Publikation in der Deutschen Nationalbibliografie; detaillierte bibliografische Daten sind im Internet über http://dnb.d-nb.de/ abrufbar.

1. Auflage 2011
Copyright © 2011 GRIN Verlag GmbH
http://www.grin.com
Druck und Bindung: Books on Demand GmbH, Norderstedt Germany
ISBN 978-3-656-08175-3

*Metallhandwerker aus der Bronzezeit
beim Schleifen eines Schwertes.
Ausschnitt aus einer Zeichnung
von Friederike Hilscher-Ehlert, Königswinter,
für das Buch »Deutschland in der Bronzezeit« (1996)
von Ernst Probst*

Ernst Probst

Die Caka-Kultur

Eine Kultur der Bronzezeit
von etwa 1300 bis 1200 v. Chr.

Widmung

Dr. Elisabeth Ruttkay (1926–2009)
und Dr. Johannes-Wolfgang Neugebauer (1949–2002)
gewidmet,
die mich bei meinen Büchern
»Deutschland in der Steinzeit« (1991) und
»Deutschland in der Bronzezeit« (1996)
unterstützt haben,
sowie der wissenschaftlichen Graphikerin
Friederike Hilscher-Ehlert

Inhalt

Vorwort

Eine Kultur der Bronzezeit, die von etwa 1300 bis 1200 v. Chr. gebietsweise auch im Burgenland existierte, steht im Mittelpunkt des Taschenbuches »Die Caka-Kultur«. Diese Kultur war vor allem in der Slowakei verbreitet. Geschildert werden der Schmuck, die Keramik, Werkzeuge, Waffen, Kunstwerke und Religion der damaligen Ackerbauern, Viehzüchter und Bronzegießer.

Verfasser dieses Taschenbuches ist der Wiesbadener Wissenschaftsautor Ernst Probst. Er hat sich vor allem durch seine Werke »Deutschland in der Urzeit« (1986), »Deutschland in der Steinzeit« (1991) und »Deutschland in der Bronzezeit« (1996) einen Namen gemacht.

Das Taschenbuch »Die Caka-Kultur« ist Dr. Elisabeth Ruttkay (1926–2009) und Dr. Johannes-Wolfgang Neugebauer (1949–2002) gewidmet, die den Autor mit Rat und Tat bei seinen Werken über die Steinzeit und Bronzezeit unterstützt haben. Es enthält Lebensbilder der wissenschaftlichen Graphikerin Friederike Hilscher-Ehlert aus Königswinter.

Der dänische Archäologe
Christian Jürgensen Thomsen (1788–1865)
hat 1836 die Urgeschichte
nach dem jeweils am meisten verwendetem Rohstoff
in drei Perioden eingeteilt:
Steinzeit, Bronzezeit und Eisenzeit.

PAUL REINECKE,
geboren am 25. September 1872
in Berlin-Charlottenburg,
gestorben am 12. Mai 1958 in Herrsching.
Er wirkte 1897 bis 1908
am Römisch-Germanischen Zentralmuseum
in Mainz. 1908 bis 1937
war er Hauptkonservator
am Bayerischen Landesamt
für Denkmalpflege in München.
1917 wurde er kgl. Professor.
Reinecke teilte 1902 die Bronzezeit
in die Stufen A bis D ein.
1902 sprach er von der Straubinger Kultur
sowie von der Grabhügelbronzezeit
und später von der Hügelgräber-Bronzezeit.

Die Spätbronzezeit in Österreich

Abfolge und Verbreitung der Kulturen und Gruppen

Die Spätbronzezeit umfasst in Österreich die Stufe Bronzezeit D (etwa von 1300 bis 1200 v. Chr.) sowie die Stufen Hallstatt A und B (etwa von 1200 bis 800 v. Chr.). Diese Einteilung geht auf den süddeutschen Prähistoriker Paul Reinecke (1872–1958) zurück.

In den meisten Gebieten Österreichs lebten von etwa 1300/1200 bis 800 v. Chr. die Menschen der Urnenfelder-Kultur.[1] Diese war – in verschiedenen regionalen Ausprägungen – im Burgenland, in Niederösterreich, Kärnten, der Steiermark, Oberösterreich, im Land Salzburg und teilweise in Vorarlberg beheimatet.

Im größten Teil Nordtirols existierte von etwa 1300/1200 bis 800 v. Chr. die Nordtiroler Urnenfelder-Kultur.

Im Burgenland behauptete sich in der Bronzezeit D von etwa 1300 bis 1200 v. Chr. gebietsweise die vor allem in der Slowakei heimische Caka-Kultur (s. S. 19). Sie ist nur durch wenige Grabhügel, Brandbestattungen und Grabbeigaben nachgewiesen.

In einigen Gegenden Nordtirols und Vorarlbergs siedelten ab etwa 1200 bis 800 v. Chr. Angehörige der Laugen-Melaun-Gruppe, deren Lebensraum hauptsächlich in Südtirol und im Trentino lag.

Karte auf Seite 15:

Verbreitung der Kulturen und Gruppen
während der Spätbronzezeit
(etwa 1300/1200 bis 800 v. Chr.) in Österreich.
Karte aus dem Buch
»Deutschland in der Bronzezeit« (1996)
von Ernst Probst

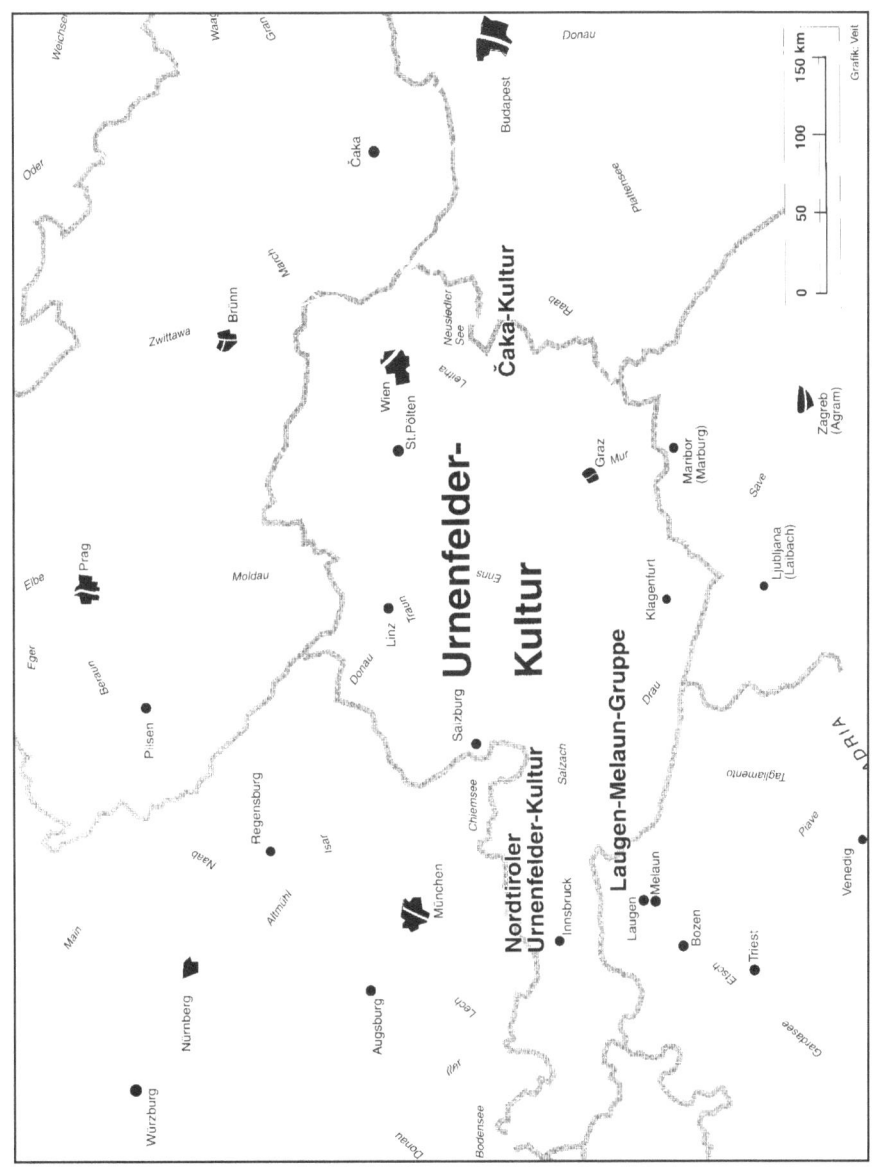

15

Bild auf Seite 17:

So genannte »reiche Frau« der Urnenfelder-Kultur auf einer von dem Münchener Historienmaler und Altertumsforscher Julius Naue (1832–1907) geschaffenen historischen Trachtenrekonstruktion

JOZEF PAULÍK,
geboren am 30. März 1931 in Sóskut (Ungarn).
Er war zunächst wissenschaftlicher Mitarbeiter
des Archäologischen Instituts
der Slowakischen Akademie der Wissenschaften
in Nitra.
Ab 1967 arbeitete er
im Slowakischen Nationalmuseum Bratislava.
Paulík beschäftigt sich vor allem
mit Problemen der Spätbronzezeit.
Er und der Archäologe Anton Točík
verwendeten 1960
erstmals den Namen Caka-Kultur.
Diese spätbronzezeitliche Kultur
ist nach einem Hügelgrab
in der Slowakei benannt.

Grabhügel, Bronzepanzer, Sonnensymbole

Die Caka-Kultur

In einigen Gebieten des Burgenlandes existierte zu Beginn der Spätbronzezeit (Stufe D) von etwa 1300 bis 1200 v. Chr. die vor allem in der Slowakei heimische Caka-Kultur. Der Begriff Caka-Kultur wurde 1960 von den slowakischen Prähistorikern Anton Tocík (1918–1994) und Jozef Paulík eingeführt. Beide arbeiteten damals am Archäologischen Institut der Slowakischen Akademie der Wissenschaften in Nitra.

Die Caka-Kultur ist nach dem Dorf Caka in der südlichen Slowakei benannt. An diesem Fundort, etwa 13 Kilometer westlich von Zseliezovce entfernt, wurde 1950 und 1951 ein riesiger, einzeln stehender Grabhügel ausgegraben. Er hatte einen Durchmesser von 52 Metern und eine Höhe von mehr als fünf Metern.

In dem imposanten Grabhügel von Caka lagen ein schon zweimal geplündertes Hauptgrab (Grab I) und ein Brandgrab (Grab II), das wegen seiner reichen Beigaben als »Fürstengrab« bezeichnet wird. Das Grab I befand sich in der Mitte des Grabhügels, das Grab II an dessen südlichem Fuß in einer vier Meter langen und 2,50 Meter breiten rechteckigen Grabgrube.

ANTON TOCÍK,
geboren am 28. Januar 1918
in Krásno nad Kysucou (Slowakei),
gestorben am 15. Juni 1994,
studierte in Bratislava und Leipzig
und promovierte 1944 in Bratislava.
1945 bis 1947 war er Kommissär
des Denkmalamtes Bratislava.
1960 wurde er C. sc.,
1965 Dozent an der Universität Brno
und 1969 Dr. sc. Von 1953 bis 1970
war er Direktor des Archäologischen Instituts
der Slowakischen Akademie
der Wissenschaften in Nitra.
Anton Tocík und Jozef Paulík
prägten 1960 den Begriff Caka-Kultur.

Der »Fürst« war nach dem Tode auf dem Scheiterhaufen verbrannt worden. Zu seinen Grabbeigaben
gehörten Bronzegegenstände, Keramik und ein durch
das Feuer stark deformierter Bronzepanzer. Der in einer
Nische der Grabgrube niedergelegte Bronzepanzer ist
bei der Bergung in Bruchstücke zerfallen.

Solche Bronzepanzer kannt man außer aus Caka auch
von Ducové[1] und Cierna nad Tisou[2] in der Slowakei.
Sie alle weisen Verzierungen auf. So sind die Bronzepanzer von Caka und Ducové jeweils auf dem Brustteil mit einem prächtigen Sternmotiv versehen. Von dem
Bronzepanzer aus Cierna nad Tisou blieben nur
Fragmente des Rückenteils erhalten.

Unter dem »Fürstenbrandgrab« von Caka konnte ein
weiteres Brandgrab (Grab III) freigelegt werden. Später kam noch Grab IV zum Vorschein. Der riesige
Grabhügel ist an einer Stelle errichtet worden, an der
zuvor mittelbronzezeitliche Körperbestattungen, teilweise mit Holzverkleidung, und Brandbestattungen der
Nagyrev-Kultur[3] vorgenommen wurden.

Für die Caka-Kultur sind Großhügelgräber wie jenes
am namengebenden Fundort Caka, Brandbestattungen
sowie Steinkistengräber typisch.

Als bisher aussagekräftigster Fundort der Caka-Kultur
im Burgenland gilt der Schuschenwald von Siegendorf[4]
nahe der ungarischen Grenze. Dort sind von vier Grab-
hügeln bereits drei mit insgesamt sechs Brandbestattungen ausgegraben worden. Zum Teil lag der Verbren-
nungsplatz daneben.

Zeichnung auf Seite 23:

Berittener Krieger der Urnenfelder-Kultur
mit Angriffswaffen (Schwert, Lanze)
und Schutzwaffen (Helm, Brustpanzer, Schild, Beinschienen),
wie sie an verschiedenen Fundorten in Österreich
und im übrigen Europa zum Vorschein kamen.
Zeichnung von Friederike Hilscher-Ehlert, Königswinter,
für das Buch »Deutschland in der Bronzezeit« (1996)
von Ernst Probst

Fotos auf den Seiten 24 und 25:

Rekonstruktion des bronzenen Panzers
mit Sternmotiv auf dem Brustteil
aus dem »Fürstengrab« von Caka
westlich von Zseliezovce in der südlichen Slowakei
(Seite 22 von der Seite, Seite 23 von vorne).
Rekonstruktion im Slovenské Národné Múzeum.
Archaeologicke Múzeum, Bratislava

23

In Siegendorf-Schuschenwald hat man die Toten in festlicher Tracht auf dem Scheiterhaufen eingeäschert. Es dürfte sich um Verwandte gehandelt haben. Nach der Einäscherung hat man die Knochenreste mitsamt den vom Feuer stark in Mitleidenschaft gezogenen Grabbeigaben aus dem Scheiterhaufen aufgesammelt und bestattet. Über dem Grab wurde mit Erdreich ein Hügel aufgeschüttet.

Im Hügel 1 von Siegendorf-Schuschenwald kam ein 1,50 Meter langes, einen Meter breites und 0,65 Meter hohes Steinkistengrab zum Vorschein. Um dieses wurden in einem nahezu quadratischen Viereck von elf mal 11,50 Meter große, auf die Kante gestellte Steinplatten in den Boden versenkt.

Das Steinkistengrab barg die Knochenreste eines nach dem Tode verbrannten Mannes sowie die ebenfalls dem Feuer ausgesetzten und dadurch stark deformierten bronzenen Waffen. Dabei handelte es sich um ein Griffzungenschwert, eine Lanzenspitze mit birnförmigem Blatt und einen Griffzungendolch. Außerdem hatte man diesem Krieger neben einer Nadel sein bronzenes Rasiermesser mit Ringgriff ins Grab gelegt. Letzteres war ebenfalls durch die Hitze auf dem Scheiterhaufen erheblich beschädigt worden.

Weitere Grabbeigaben dieses offenbar bedeutenden Mannes waren zwölf Tongefäße. Dazu gehörten zwei Schüsseln, zwei Töpfe und zwei Fußschüsseln, alle mit vierfach gezipfeltem Rand – einem Kennzeichen der

Caka-Keramik – , sowie andere Tongefäße. Teilweise hatte man die Gefäße dem Feuer des Scheiterhaufens ausgesetzt und sie danach verkehrt mit der Mündung nach unten ins Grab gestellt. Andere Gefäße dagegen, die wohl mit Speisen und Getränken für den Toten gefüllt waren, standen aufrecht mit der Mündung nach oben im Grab.

Über dem Steinkistengrab des bedeutenden Kriegers von Siegendorf-Schuschenwald wurde von dessen Hinterbliebenen mit Erdreich ein etwa drei Meter hoher Hügel aufgeschüttet, den die Steinplatten des Vierecks stützten. Die Hügelgräber der Caka-Kultur gelten als ein Erbe der vorhergehenden Hügelgräber-Bronzezeit. Im Mittelalter wurde ein Teil der Steine der Einfassung des Hügels 1 ausgegraben und als Baumaterial verwendet. Schatzjäger, die dort im 20. Jahrhundert ihr Glück versuchten, gruben an der falschen Stelle und fanden daher nichts. Ab 1974 interessierten sich die von Einheimischen auf diesen Fundort aufmerksam gemachten Prähistoriker Alois Ohrenberger (1920–1994) und Karl Kaus – beide am Burgenländischen Landesmuseum, Eisenstadt, arbeitend – für die damals noch von dichtem Gestrüpp überwucherten Hügel.

Die in Siegendorf-Schuschenwald beigesetzten Frauen waren mit bronzenen Dolchen und Tongefäßen für das Jenseits ausgestattet worden. Die Dolche hatte man wohl eher als Schneidegeräte und nicht als Waffen zum Kampf benutzt.

Foto auf Seite 29:

Steinerne Stele mit »Seelenloch«
und Darstellung eines Rundschildes
aus einem Steinkistengrab von Illmitz im Burgenland.
Höhe 63 Zentimeter.
Kopie im Römisch-Germanischen Zentralmuseum, Mainz,
Original im Burgenländischen Landesmuseum,
Eisenstadt

Teile von großen bronzenen Posamenteriefibeln mit Achterschlaufenbügeln und Lanzettenanhängern sowie bronzene Spiralröllchen aus Siegendorf-Schuschenwald verraten, wie sich die Frauen der Caka-Kultur schmückten. Die Fibeln dienten als Gewandverschluss und die Spiralröllchen als Teile des Brustschmucks.

Außer in Siegendorf-Schuschenwald konnten auf dem Föllik bei Großhöflein[5], in Illmitz[6] und in Zillingtal[7] (alle im Burgenland gelegen) Steinkistengräber der Caka-Kultur freigelegt werden. Der Fundort Zillingtal ist mit dem in der Fachliteratur genannten Pöttsching identisch. Vom Steinkistengrab in Illmitz (Ried »Fuchsenlochhöhle«) blieb nur eine 63 Zentimeter hohe, maximal 35 Zentimeter breite, durchschnittlich 8,5 Zentimeter dicke, 27,5 Kilogramm schwere, ritzverzierte Steinplatte erhalten. Sie diente vermutlich als eine der Seitenwände des Steinkistengrabes.

Die obere Hälfte der Platte ist durch fünf waagrechte, aus zwei bis drei Linien bestehende Bänder verziert. Sie teilen die Fläche in vier Zonen, die durch Zickzacklinien gefüllt sind. Dieses Ornament wird im unteren Zonenpaar durch ein viereckiges »Seelenloch« von sieben Zentimetern Durchmesser unterbrochen. Gräber mit »Seelenloch« waren schon in der Jungsteinzeit in Frankreich angelegt worden. Die als »Seelenloch« bezeichnete Öffnung sollte vielleicht den Seelen der Toten das Verlassen des Grabes ermöglichen. Im oberen

Zonenpaar der Platte befindet sich ein Muster aus fünf konzentrischen, um einen Mittelpunkt gezogenen Kreisen. Letzteres Muster stellt angeblich ein Rundschild dar. Ähnliche Kreise wurden aber auch schon als Sonnensymbole gedeutet.

Eine weitere Grabplatte mit eingravierten Symbolen aus jener Zeit soll angeblich in Schwadorf im Burgenland gefunden worden sein. Man hat sie früher irrtümlicherweise als römisch in das dritte oder vierte Jahrhundert nach Christus datiert.

Anmerkungen

Die Spätbronzezeit in Österreich
1] Die Zusammenstellung dieser Übersicht über die
Verbreitung und Zeitdauer von Kulturen der Spätbronzezeit entstand 1996 mit Hilfe der Prähistoriker
Johannes-Wolfgang Neugebauer vom Bundesdenkmalamt Wien und Walter Leitner an der Leopold-Franzens-
Universität, Innsbruck.

Die Caka-Kultur
1] Der Panzerrest von Ducové wurde im Februar 1965
in einer befestigten Höhensiedlung entdeckt.
2] Die Panzerreste von Cierna nad Tisou wurden 1966
gefunden.
3] Die Nagyrév-Kultur ist nach einer Siedlung am linken
Theißufer in Ungarn benannt, die 1926 und 1928 von
dem Prähistoriker Ferenc von Tompa (1893–1945) aus
Budapest ausgegraben wurde. Den Begriff Nagyrév-
Kultur hat Tompa 1937 eingeführt.
4] Im Schuschenwald von Siegendorf untersuchten 1974
die Eisenstädter Prähistoriker Alois Ohrenberger 1920–
1994) und Karl Kaus den Hügel 1, der das Steinkistengrab eines offenbar bedeutenden Kriegers enthielt.
1983 und 1984 wurden Hügel 3 und 4 untersucht, Hügel
2 blieb unangetastet.
5] Das Steinkistengrab auf dem Föllik bei Großhof-
lein wurde 1933 entdeckt.

6] Das Steinkistengrab von Illmitz kam 1932 beim Rigolen zum Vorschein. Die Entdeckung wurde am 31. März 1932 dem Burgenländischen Landesmuseum, Eisenstadt gemeldet. Am 4. April 1932 besichtigte der Prähistoriker Alphons Augustus Barb (1901–1971) aus Eisenstadt die Fundstelle und ließ eine Nachgrabung vornehmen. Barb war von 1926 bis 1938 Direktor des Burgenländischen Landesmuseums, Eisenstadt.

7] Das mit einer Steinplatte bedeckte Grab von Zillingtal (früher unter Pöttsching publiziert) wurde 1892 entdeckt.

Literatur

Die Spätbronzezeit in Österreich
LEITNER, Walter: Die späte Bronzezeit und die Urnenfelderkultur. Aus: FONTANA, Josef / HAIDER, Peter W. / LEITNER, Walter / MÜHLBERGER, Georg / PALME, Rudolf / PARTEL, Otmar / RIEDMANN, Josef: Geschichte des Landes Tirol, Band 1, S. 76–82, Bozen 1985
LOCHNER, Michaela: Späte Bronzezeit, Urnenfelderkultur. Aktueller Überblick über die Urnenfelderkultur im Osten Österreichs. Aus: NEUGEBAUER, Johannes-Wolfgang (Herausgeber): Bronzezeit in Österreich. Wissenschaftliche Schriftenreihe Niederösterreich, Band 16, S. 195–224, Wien 1994
NEUGEBAUER, Johannes-Wolfgang: Späte Bronzezeit = Urnenfelderkultur 1300/1250–750/700 v. Chr. Aus: Urgeschichte in Niederösterreich, Wissenschaftliche Schriftenreihe Niederösterreich, Heft 39/40, S. 31–36, St. Pölten-Wien 1983
PENNINGER, Ernst: Urnenfelderzeit (1250-750 v. Chr.). Aus: DOPSCH, Heinz (Herausgeber): Geschichte Salzburgs. Band I. Vorgeschichte, Altertum, Mittealalter, I. Teil, S. 43–50, Salzburg 1981
PITTONI, Richard: Die späte Bronzezeit. Aus: Urgeschichte. Allgemeine Urgeschichte und Urgeschichte Österreichs, S. 167–174, Leipzig und Wien 1937

SYDOW, Wilhelm: Eine urnenfelderzeitliche Siedlung in Karrösten, BH Imst. Fundberichte aus Österreich 1980, Band 19, S. 235–247, Wien 1981

VOGL, Konrad: Bergbau und urgeschichtliche Funde um Kitzbühel (Nordtirol). Wiener Prähistorische Zeitschrift, 16. Jahrgang, S. 34–39, Wien 1929

WAGNER, Karl Heinz: Nordtiroler Urnenfelder. Römisch-Germanische Forschungen, Band 15, Berlin 1943

Die Caka-Gruppe

FILIP, Jan: Caka. Aus: Enzyklopädisches Handbuch zur Ur- und Frühgeschichte Europas, Band I, S. 195–196, Stuttgart 1966

FOLTINY, Stephan: Ein Grabfund der Urnenfelderzeit aus Pöttsching im Burgenland. Archaeologia Austriaca, Heft 40, S. 67–76, Wien 1966

KAUS, Karl: Das Kriegergrab von Siegendorf. Aus: Siegendorf im Burgenland, Festschrift 1975, S. 42-51, Siegendorf 1975

PROBST, Ernst: Der älteste Brustpanzer. Aus: Rekorde der Urzeit, S. 244, München 1992

NEUGEBAUER, Johannes-Wolfgang: Der Krieger von Siegendorf. Aus: Österreichs Urzeit. Bärenjäger, Bauern, Bergleute, S. 201–203, Wien-München 1990

TOCÍK, Anton / PAULÍK, Jozef: Die Ausgrabung eines Grabhügels in Caka in den Jahren 1950–51. Slovenská Archaeológia, Band 8, S. 59–124, Nitra-Hrad 1960

TOMPA, Ferenc von: 25 Jahre Urgeschichtsforschung in Ungarn 1912-1936. 24./25. Bericht der Römisch-Germanischen Kommission 1934/35, S. 90–98, Berlin 1937

WILLVONSEDER, Kurt: Das Steinkistengrab der älteren Urnenfelderzeit von Illmitz im Burgenland. Wiener Prähistorische Zeitschrift, 25. Jahrgang, S. 109–128, Wien 1938

Bildquellen

Klaus Benz, Fotograf, Mainz-Laubenheim: 29, 43
Friederike Hilscher-Ehlert, Königswinter: 41
Reproduktionen von Fotos aus dem Buch »Deutschland
in der Bronzezeit« (1996) von Ernst Probst: 20 (Marta
Novotna, Nitra), 12 (Römisch-Germanisches Zentral-
museum, Mainz), 24, 25 (Slovenske Narodné Múzeum,
Archeologické Múzeum, Bratislava), 18 (Slovenske
Narodné Múzeum, Archeologické Múzeum, Bratislava,
Foto: Irena Kovacovska)
Reproduktion einer Karte aus dem Buch »Deutschland
in der Bronzezeit« (1996) von Ernst Probst: 15 (Rainer
Veit, Mainz, nach Angaben von Dr. Johannes-Wolfgang
Neugebauer, Bundesdenkmalamt Wien)
Reproduktionen von Zeichnungen aus dem Buch
»Deutschland in der Bronzezeit« (1996) von Ernst
Probst: 11 (Reproduktion aus Jorn Street-Jensen:
Christian Jürgensen Thomsen und Ludwig Linden-
schmit: Eine Gelehrtenkorrespondenz aus der Frühzeit
der Altertumskunde (1853–1964), Mainz 1985), 17 (Re-
produktion einer historischen Trachtenrekonstruktion
des Münchener Historienmalers und Altertumsfor-
schers Julius Naue, Foto: Prähistorische Staatssamm-
lung, München)
Zeichnungen von Friederike Hilscher-Ehlert für das
Buch »Deutschland in der Bronzezeit« (1996) von Ernst
Probst: 1, 23

Die wissenschaftliche Graphikerin
Friederike Hilscher-Ehlert

Friederike Hilscher-Ehlert wurde am 13. Dezember 1946 in Hamburg geboren. Sie absolvierte eine Ausbildung sowie ein Studium in den Fächern Kostümbild und Bühnenbild. Danach war sie mehrere Jahre lang an der Bühne tätig. Auf dem zweiten Berufsweg wurde sie wissenschaftliche Graphikerin mit dem Schwerpunkt Archäologie und arbeitete am Rheinischen Landes-museum Bonn. Ihre Fachgebiete waren Restaurierung, Archäo-Botanik, Wissenschafts-Publikationen, Amts-hilfe bei externen Projekten und Ausstellungskon-zeption. Mit Lebensbildern von Menschen aus ver-gangenen Zeiten machte sie sich bereits einen Namen, als solche Kunstwerke in ihrer Heimat noch Seltenheiten waren. Das erste Buch, in dem Zeichnungen von Friederike Hilscher-Ehlert abgebildet wurden, heißt »Report aus der Römerzeit« (1989). In den frühen 1990-er Jahren schuf sie zahlreiche Lebensbilder für das Buch »Deutschland in der Bronzezeit« (1996) des Wiesbadener Wissenschaftsautors Ernst Probst. Großformatige Lebensbilder aus ihrer Hand schmücken die Werke »Die Römer« (1999), »Die Steinzeitler« (2003), »Die Kelten" (2003) und »Die Franken« (2003) in der vom Rhein-ischen Landesmuseum Bonn herausgegebenen Reihe »Lebendige Vergangenheit«. Im Geleitwort schrieb Professor Dr. Hans-Eckart Joachim: »Die Zeichnerin Friederike Hilscher-Ehlert verbindet wissenschaftlich abgesicherte, akribische Prägnanz mit virtuosem unverkennbaren Personalstil, der der Phantasie und Entdeckerfreude Raum lässt. So entstehen Bilder, in denen uns Menschen und Menschengemachtes der Vergangenheit entgegentreten, längst verwischte Spuren sichtbar werden.« Zeichnungen von ihr erschienen außer in Büchern auch in wissenschaftlichen Zeitschriften und man sah sie in Ausstellungen von Museen oder auf zahlreichen farbprächtigen Ansichtskarten. Friederike Hilscher-Ehlert betont: »Archäologische Illustration ist heute in keinem Museum und in keiner fundierten Fachpublikation mehr entbehrlich. Es ist mir eine Freude Wegbereiterin dieser Art Graphik in Deutschland gewesen zu sein.«

Der Autor Ernst Probst

Ernst Probst, geboren am 20. Januar 1946 in Neunburg vorm Wald im bayerischen Regierungsbezirk Oberpfalz, ist Journalist und Wissenschaftsautor. Er arbeitete von 1968 bis 1971 als Redakteur bei den »Nürnberger Nachrichten«, von 1971 bis 1973 in der Zentralredaktion des »Ring Nordbayerischer Tageszeitungen« in Bayreuth und von 1973 bis 2001 bei der »Allgemeinen Zeitung«, Mainz. In seiner Freizeit schrieb er Artikel für die »Frankfurter Allgemeine Zeitung«, »Süddeutsche Zeitung«, »Die Welt«, »Frankfurter Rundschau«, »Neue Zürcher Zeitung«, »Tages-Anzeiger«, Zürich, »Salzburger Nachrichten«, »Die Zeit"«, »Rheinischer Merkur«, »Deutsches Allgemeines Sonntagsblatt«, »bild der wissenschaft«, »kosmos«, »Deutsche Presse-

Agentur« (dpa), »Associated Press« (AP) und den »Deutschen Forschungsdienst« (df). Aus seiner Feder stammen die Bücher »Deutschland in der Urzeit« (1986), »Deutschland in der Steinzeit« (1991), »Rekorde der Urzeit« (1992), »Dinosaurier in Deutschland« (1993 zusammen mit Raymund Windolf) und »Deutschland in der Bronzezeit« (1996). Von 2001 bis 2006 betätigte sich Ernst Probst als Buchverleger sowie zeitweise als internationaler Fossilienhändler und Antiquitätenhändler. Insgesamt veröffentlichte er mehr als 100 Bücher, Taschenbücher, Broschüren und E-Books.

Bücher von Ernst Probst

Affenmenschen
Von Bigfoot bis zum Yeti

Annie Oakley
Die Meisterschützin des Wilden Westens

Archaeopteryx. Der Urvogel aus Bayern

Christl-Marie Schultes. Die erste Fliegerin in Bayern
(zusammen mit Theo Lederer)

Cortés und Malinche. Der spanische Eroberer
und seine indianische Geliebte

Das Dinotherium-Museum Eppelsheim
Führer durch die Ausstellung
(zusammen mit Dr. Jens Lorenz Franzen
und Heiner Roos)

Der Europäische Jaguar

Der Mosbacher Löwe
Die riesige Raubkatze aus Wiesbaden

Der Rhein-Elefant
Das Schreckenstier von Eppelsheim

Der Schwarze Peter
Ein Räuber im Hunsrück und Odenwald

Der Ur-Rhein
Rheinhessen vor zehn Millionen Jahren

Deutschland im Eiszeitalter

Deutschland in der Frühbronzezeit

Deutschland in der Mittelbronzezeit

Deutschland in der Spätbronzezeit

Die Aunjetitzer Kultur in Deutschland

Die Straubinger Kultur in Deutschland

Die Adlerberg-Kultur

Die nordische Bronzezeit in Deutschland

Die Hügelgräber-Kultur in Deutschland

Die Bronzezeit in der Lüneburger Heide

Die Stader Gruppe

Die Urnenfelder-Kultur in Deutschland

Die Lausitzer Kultur in Deutschland

Die Dolchzahnkatze *Megantereon*

Die Dolchzahnkatze *Smilodon*

Die Säbelzahnkatze *Machairodus*

Die Säbelzahnkatze *Homotherium*

Dinosaurier in Deutschland. Vom *Efraasia*
bis zu *Sellosaurus*

Dinosaurier von A bis K. Von *Abelisaurus*
bis zu *Kritosaurus*

Dinosaurier von L bis Z. Von *Labocania*
bis zu *Zupaysaurus*

Eiszeitliche Geparde in Deutschland

Eiszeitliche Leoparden in Deutschland

Frauen im Weltall

Höhlenlöwen. Raubkatzen im Eiszeitalter

Johann Jakob Kaup
Der große Naturforscher aus Darmstadt

Julchen Blasius
Die Räuberbraut des Schinderhannes

Königinnen der Lüfte in Deutschland

Königinnen der Lüfte in Europa

Königinnen der Lüfte in Amerika

Königinnen der Lüfte von A bis Z

Königinnen des Tanzes

Malende Superfrauen

Meine Worte sind wie die Sterne
Die Entstehung der Rede des Häuptlings Seattle
(zusammen mit Sonja Probst)

Monstern auf der Spur
Wie die Sagen über Drachen, Riesen
und Einhörner entstanden

Österreich in der Frühbronzezeit

Österreich in der Mittelbronzezeit

Österreich in der Spätbronzezeit

Die Leithaprodersdorf-Gruppe

Die Aunjetitzer Kultur in Österreich

Die Straubinger Kultur in Österreich

Die Unterwölblinger Gruppe

Die Wieselburger Kultur

Die Litzenkeramik oder Draßburger Kultur

Die Veterov--Kultur
und die Böheimkirchener Gruppe

Die Attersee-Gruppe

Die Urnenfelder-Kultur in Österreich

Die Nordtiroler Urnenfelder-Kultur

Die Caka-Kultur

Die Laugen-Melaun-Gruppe

Pompadour und Dubarry. Die Mätressen
von Louis XV.

Raub-Dinosaurier von A bis Z.
Mit Zeichnungen von Dmitry Bogdanav
und Nobu Tamura

Rekorde der Urmenschen
Erfindungen, Kunst und Religion

Rekorde der Urzeit
Landschaften, Pflanzen und Tiere

Superfrauen 11 – Feminismus und Familie

Superfrauen 12 – Sport

Superfrauen 13 – Mode und Kosmetik

Superfrauen 14 – Medien und Astrologie

Tony und Bruno Werntgen. Zwei Leben
für die Luftfahrt (zusammen mit Paul Wirtz)

Zenobia von Palmyra. Eine Frau kämpft
gegen die Römer

Bestellungen bei: http://www.grin.com